Pendant le tirage de cette notice, j'ai songé à demander à la Photographie l'impression des dessins que je me proposais de publier ultérieurement.

Après plusieurs essais, j'ai obtenu un résultat sinon satisfaisant, du moins rigoureusement suffisant pour donner au petit nombre de mes lecteurs une idée plus exacte de l'édifice décrit dans le texte.

EXPLICATION DES PLANCHES :

PLANCHE I. — Plan de l'édifice.

Observer que les axes des petites absides n'est pas dans le prolongement des axes des collatéraux.

PLANCHE II. — Tympan de la porte principale et divers détails.

1° Porte latérale.
2° Petites roses de la grande nef.
3° Partie de la grande rose.
4° et 5° Détail des piliers.
6° Perspective d'un des piliers à la hauteur des chapiteaux.

PLANCHE III. — Deux demi-coupes transversales, partie de la coupe longitudinale et détail de six des chapiteaux.

Monuments du Béarn

MONOGRAPHIE
DE
L'ÉGLISE DE SAUVETERRE.

NOTICE
PRÉCÉDÉE

DE QUELQUES INDICATIONS SUR LA VILLE DE SAUVETERRE

Par Ch. LE CŒUR.

PAU
IMPRIMERIE ET LITHOGRAPHIE E. VIGNANCOUR.

1872.

AVANT PROPOS.

Cet opuscule étant destiné seulement à quelques amis, ils voudront bien me permettre de le faire précéder d'observations qui serviront de préface, non-seulement à cette publication, mais à celles du même genre qui la suivront sans doute prochainement.

Combien d'hommes studieux et investigateurs laissent dans l'oubli, soit par insouciance, soit par modestie, soit faute de temps, le fruit des recherches et des travaux auxquels ils ont consacré les loisirs de leur jeunesse.

D'autres occupations viennent le plus souvent interrompre pour un temps plus ou moins long la chaîne de ces études de prédilection.

Chaque jour ils espèrent renouer cette chaîne, mais de nouvelles exigences s'y opposent, mais les années s'écoulent, l'âge et les infirmités arrivent et lorsque la retraite leur prépare de nouveaux loisirs, la force et le courage leur font défaut.

Repris à temps ces travaux à coordonner, pourraient devenir la plus douce occupation de nos dernières années; mais si nous avons trop tardé, nos souvenirs deviennent moins précis, nos notes paraissent incomplètes et le plus souvent on se borne à inventorier en quelque sorte ces documents encore épars et à les compulser avec le stérile regret de les avoir trop longtemps délaissés.

Je suis de ceux qui ont trop tardé; cependant tout en renonçant à un travail d'ensemble, à une histoire des monuments du Béarn je veux du moins essayer d'en publier quelques parties détachées.

Me sera-t-il donné de faire exécuter d'ici à peu de temps des gravures qui en seraient le complément utile mais qui exigent un long travail et une laborieuse surveillance? Je ne sais, mais sans plus attendre, je me décide dès aujourd'hui à joindre aux notices déjà publiées, la monographie de Sauveterre de Béarn.

Cette monographie complétée par plusieurs dessins d'ensemble et de détails a été dès 1863 adressée par moi au comité des monuments historiques dont j'étais alors membre correspondant.

A la suite du rapport, du reste très-favorable, présenté sur mon travail, il se produisit un fait qui dans mon esprit a soulevé la question suivante.

S'il est de toute justice que Paris centralise et mette en œuvre pour l'édification des monuments écrits tous les matériaux que la province lui fournit, ne serait-il pas également de toute justice que les savants ou les compilateurs daignassent du moins en indiquer l'origine et citer les noms des modestes chercheurs qui apportent leur pierre à l'édifice.

En agir autrement me paraît peu encourageant, et ma réponse tacite à cette question m'a déterminé à cesser toute communication au comité. J'ai eu tort, j'en conviens, car je trouvais-là un stimulant puissant dans lequel j'aurais puisé la force de résister au courant qui m'a, contre mon gré, entraîné loin de la voie que je m'étais tracée, que je suivais à mes heures et dans laquelle je cherche, mais trop tard, à rentrer aujourd'hui.

MONOGRAPHIE

DE

L'ÉGLISE DE SAUVETERRE.

Ville de Sauveterre. — Sauveterre, chef-lieu de canton de l'arrondissement d'Orthez (Basses-Pyrénées), est une ville de dix-sept cents habitants. Elle est située sur un plateau peu élevé qui domine la rive droite du gave d'Oloron.

Cette ville a été pendant plusieurs siècles une des quatre cités les plus importantes du Béarn. Un titre de 1259 rapporté dans le dénombrement de 1677, exprime que les Jurats et *Prodoms* de la ville de Morláas, de la ville d'Orthez, de la ville de Sauveterre et de la ville d'Oloron, convoqués en cette dernière ville et assemblés *de congé* et en présence de Gaston, seigneur de Béarn, vicomte de Moncade, convinrent de toutes libertés pour le commerce des bleds, etc.

En 1276 Philippe-le-Hardi, fils de Saint-Louis, réunit une

puissante armée à Sauveterre et s'y transporta de sa personne après avoir pris l'oriflamme des mains de l'abbé de St-Denis.

En 1498 la reine Catherine se rendit à Sauveterre pour y présider les Etats de Béarn.

En 1509 les Etats se réunissent de nouveau à Sauveterre en présence du Roi et de la Reine à laquelle les Etats allouent quatorze mille écus, dont dix mille pour donation et quatre mille pour le voyage de la Reine en France et avec prière *qu'elle s'y rende elle-même* pour protester auprès du Roi de France contre un arrêt de Toulouse, lequel arrêt prétendait que le Béarn devait hommage.

Des déclarations faites lors du dénombrement de 1677, il résulterait :

Que les Jurats de la ville de Sauveterre étaient nommés par l'élection libre et par bulletins cachés.

Que la justice civile et criminelle s'exerçait au nom du Roi par les dits Jurats.

Que pour marque de la dite justice les Jurats avaient prison royale dans le château, fourche patibulaire en l'île entre les deux ponts et pilori en pierre avec carcan au-dessous de la maison de ville.

Que la ville de Sauveterre et les parsans en dépendants vivaient et se gouvernaient ensemble de toute ancienneté sous certaines règles qu'ils nommaient *paréages*.

Que les parsans voisins contribuaient aux frais de réparation des forteresses, portes, barrières et ponts de la ville de Sauveterre, *étant ladite ville obligée de recevoir les habitants des dits parsans, de les retirer et de les conserver dans son enceinte quand l'occasion s'en présente.*

De ces fortifications il reste aujourd'hui peu de parties

bien conservées. Leurs ruines néanmoins et celles du château mériteraient d'être explorées

La ville de Sauveterre qui, selon l'expression, d'un acte de 1606, *soulait* être riche et opulente à cause du trafic et commerce d'Espagne, fut ruinée d'abord par la perte de la haute Navarre en 1512, depuis en l'année 1523 elle fut prise et brûlée par l'armée espagnole, enfin en 1569 elle fut saccagée par les basques tellement qu'en 1606 elle était encore dans un état déplorable et qu'une partie de ses bâtiments étaient en ruines. Elle ne put se relever de ces divers échecs.

Une partie des murs du château est restée debout et l'on voit encore près de là une tour assez bien conservée. Cette tour forme un prisme rectangulaire de 11 m. 35 sur 15 m. de côté. L'épaisseur des murs n'excède pas un mètre. Leur hauteur mesurée du seuil de la porte d'entrée est d'environ 30 mètres. Cette tour paraît avoir été munie pour la défense d'un double balcon en bois. La face du côté sud est percée de plusieurs fenêtres géminées à plein cintre. Les faces latérales ne présentent que des meurtrières.

Cette tour est entièrement construite en pierres calcaires de moyen appareil et posées régulièrement.

Le pont dont il reste une ruine très-pittoresque était fortifié.

Eglise de Sauveterre. — L'église de Sauveterre paraît avoir été construite à l'époque de transition, c'est-à-dire dans la seconde moitié du XII° siècle, son style est roman, mais l'ogive en tiers point s'y montre dans une partie des voûtes et dans les trois fenêtres de l'abside principale.

Elle est remarquable non par sa grandeur, mais par l'unité de son plan et par l'absence presque totale d'additions et de modifications importantes, et malgré la superposition des deux styles, tout semble indiquer que la construction a été faite sans interruption et pour ainsi dire d'un seul jet.

Cet édifice est construit sur une place assez vaste d'où le peuple, stationnant à l'entrée du temple, a sous les yeux le magnifique tableau qui s'étend depuis le mur de sa terrasse jusqu'à la chaîne des Pyrénées.

Cette église est orientée ; son plan est en forme de croix latine ; il est composé de trois nefs, d'un transsept et de trois absides semi-circulaires venant s'appuyer sur le prolongement de ces nefs au-delà du transsept.

La longueur de l'édifice mesuré dans-œuvre, depuis le mur de face jusqu'au fond de l'abside est de 33 m. 38 c. La longueur du transsept aussi dans-œuvre est de 20 m. 08. La largeur de la nef médiane est de 5 m. 80 entre piliers et la largeur de l'ensemble des trois nefs est de 17 m. 26 dans-œuvre des murs latéraux.

Les murs de cet édifice sont construits en pierres calcaires de moyen appareil, taillées, mais non parementées. Les assises sont de hauteur à peu près égales et posées avec soin et régularité. Cette construction est d'une parfaite unité depuis la base jusqu'aux parties les plus élevées.

Le soubassement est en mêmes matériaux que la partie supérieure, seulement on a donné plus de hauteur à l'assise portant retraite. Cette retraite formée d'une simple pente de 0,07 est parfaitement horizontale et pourtourne l'édifice sans autre interruption que celle nécessitée par le portail et la porte latérale.

Les piliers et les nervures des voûtes sont en matériaux de plus grand appareil. Les voûtes au contraire, bien que construites en même nature de pierres, sont formées de matériaux de petite dimension ; leurs joints sont appareillés avec beaucoup de soin et de régularité.

Les jambages et les cintres des fenêtres ainsi que les cintres des roses et toutes les parties supérieures du porche sont en pierres calcaires plus tendres et d'une couleur moins foncée.

Le porche, jusqu'à la retombée de la voussure, est en marbre gris veiné de blanc.

Le fond de l'édifice est occupé par une abside semi-circulaire éclairée par trois fenêtres ogivales longues et étroites dont une seule, celle du milieu, est géminée.

La nef médiane et les deux nefs latérales se divisent chacune en trois travées.

La première est éclairée par des jours en œil de bœuf, les deux autres par de petites fenêtres en plein cintre.

Le transsept se compose de trois parties bien distinctes, celle du milieu, réunissant la nef médiane et le chœur, s'élève à la même hauteur de voûte et les deux autres formant les bras de la croix ont une hauteur intermédiaire entre celle de la nef médiane et celle des collatéraux.

Ce transsept est éclairé par deux roses de chacune 2 m. 36 de diamètre. La hauteur de la nef médiane est de 12 m. 85, mesurée du sol de l'église au sommet de l'intrados de la voûte. Celle des bras de la croix est de 11 m. 36.

Celle des collatéraux est de 7 m. 30.

Les collatéraux au-delà des transsept sont voûtés en plein cintre et les petites absides qui les terminent sont voûtés en cul-de-four.

Toutes les autres voûtes de l'édifice sont ogivales et forment par leurs pénétrations, des voûtes d'arêtes avec nervures.

Les nefs sont divisées en travées égales par des arcs-doubleaux correspondant aux axes des piliers.

Il est à remarquer que ces voûtes s'abaissant à partir de leur point d'intersection viennent s'appuyer sur les arcs-doubleaux de telle sorte que les intrados, au lieu d'offrir à leur sommet un niveau constant, présentent à la jonction supérieure des deux nervures une élévation plus grande qu'à leurs points de contact avec les arcs-doubleaux. Toutefois l'exhaussement des points de jonction des arêtes n'est pas assez prononcé pour nuire à la perspective. Cette différence que je n'ai pu mesurer qu'à l'extrados paraît être environ de quarante centimètres.

Ces voûtes sont de la nature de celles que signale M. de Caumont, à propos des églises de l'Anjou, du Maine et du Poitou, en observant que ce genre de voûte paraît être particulier à ces lieux, qu'il ne les a jamais vues en Normandie et qu'il les considère comme inusitées dans les provinces du Nord. (De Caumont, 4º vol., pages 173 et 360.)

Le clocher est quadrangulaire et repose sur l'intersection des bras de la croix. La hauteur de ses murs depuis le sommet de l'extrados des voûtes est de 14 m. 35 et sa hauteur totale depuis le sol de l'église jusqu'à la naissance de la flèche est de 27 m. 50. Ce clocher est percé sur chacune de ses faces de trois fenêtres en plein cintre et divisées chacune en deux parties par une colonne en marbre supportant deux arcs entre lesquels est percé un petit jour circulaire. Les fenêtres carrées éclairant le sommet de la tour paraissent être le résultat d'une surélévation postérieure.

La sacristie est une petite construction moderne accolée

à la façade sud de l'édifice. Le plan primitif n'en comportait évidemment aucune.

Les contreforts, ainsi qu'ils sont figurés sur le plan, ont une saillie à peu près égale à leur largeur. Ceux des murs de la grande nef sont peu saillants.

Des fenêtres ou roses éclairent la nef médiane, une seule a conservé ses compartiments en pierre d'un très-gracieux dessin.

Les deux grandes roses des transsepts ont dû posséder également des compartiments en pierre détruits sans doute pour obtenir plus de lumière, et remplacés depuis par quelques lobes fort simples et des compartiments en fer.

La porte latérale est décorée d'impostes découpées en rosaces et surmontée d'une archivolte dont le tympan est formé d'une seule pierre portant en relief le monogramme du Christ.

La corniche de l'abside et celle des bas côtés de l'édifice sont bien conservées et se composent d'un cavet et de consoles fort simples.

Les chapiteaux des colonnes accouplées de l'abside portent comme les consoles directement sous le larmier.

Les corniches des absides latérales sont semblables à celles dont nous venons de parler; un bandeau coupé par les fenêtres relie horizontalement ces corniches. A 1 m. 85 au-dessous de ce bandeau il en existe un second se raccordant avec la moulure des piedestaux supportant les colonnes.

Les baies des bas côtés et des absides latérales sont fort étroites et surmontées d'un plein cintre creusé dans le linteau monolyte ; elles portent un large évasement à l'intérieur.

Les murs latéraux du porche sont évasés suivant une ligne formant, avec la façade, un angle de 45 degrés. Ces murs sont décorés chacun de sept piedestaux cylindriques et de sept chapiteaux à feuilles. Entre ces piedestaux et ces chapiteaux devaient exister ou plutôt existaient en effet soit des figures, soit des colonnes dont il ne reste plus trace. La voussure ou partie supérieure du portail paraît n'avoir jamais été terminée ; elle devait s'étendre au-dessus des quatorze colonnes, tandis qu'elle n'en recouvre que deux. Cette première partie de la voussure se compose d'un arc formé d'une large moulure concave et reçoit les figures de dix anges dont huit sont assis et deux fléchissent le genou.

Le tympan du porche présente une circonstance fort intéressante et que je ne me rappelle pas avoir rencontrée ailleurs dans des édifices de la même époque. Ce tympan dont nous avons reproduit un dessin, est divisé en neuf larges clavaux dont celui du milieu forme clef pendante (1) et se termine par les ailes ployées de deux oiseaux adossés l'un à l'autre. Cette clef est descendue de trois centimètres elle est brisée au quart de sa hauteur.

Deux arcs latéraux reposent d'un côté sur cette clef pendante et de l'autre sur les piedroits de la porte.

(1) C'est à propos de cette disposition que se produisit le fait auquel je fais allusion dans mon avant-propos.
Lorsque j'adressai au Ministre de l'Instruction Publique la monographie que je publie aujourd'hui, le rapporteur s'appuyant sur ce qu'il ne connaissait aucun exemple de pendantifs dans l'architecture Romane, déclara que malgré l'exactitude *apparente* du dessin il ne pouvait admettre qu'une semblable disposition eut pu exister au porche de Sauveterre.
Et cependant, à quelque temps de là, le même rapporteur, citait le pendentif du porche de Sauveterre-de-Béarn, comme le seul exemple existant dans l'architecture Romane et cela bien entendu sans y joindre le moindre doute.
Ou, dans le premier cas, le doute n'était pas motivé, ou dans le second l'exemple était un peu hazardé et dans tous les deux cet exemple si rare ne méritait-il pas qu'il fut fait mention de celui qui le premier avait signalé un fait aussi intéressant.
Cela ne rappelle-t-il pas les gens qui rejètent comme absurde l'idée présentée par un subordonné, quitte à la reprendre un peu plus tard pour leur propre compte?

Les sculptures du tympan sont assez bien conservées mais toutes les têtes ainsi que celles des dix anges de la voussure ont été brisées et presqu'entièrement effacées au ciseau soit en 93, soit pendant les guerres de religion en 1563 lors de l'invasion de Terride, et bien plutôt à cette dernière époque pendant laquelle les monuments religieux du Béarn ont si cruellement souffert.

La moulure encadrant le tympan, celles des deux petits arcs et celle de la gloire ou vescia piscis sont découpées en étoiles marines bien exécutées. Dans l'auréole elliptique on reconnaît la figure de Notre-Seigneur assis et bénissant ; la tête est complétement effacée ainsi qu'une partie des bras ; les draperies ne manquent ni de justesse ni de grâce. De chaque côté de la gloire sont placés deux évangélistes ; à droite du Christ, l'ange (St Mathieu), le lion (St Marc) ; à la gauche du Christ, l'aigle (St Jean) et le bœuf (St Luc). L'aigle tient dans ses serres une banderolle sur laquelle est est gravée l'inscription IOMNES, sans doute Joannes.

D'un côté est le soleil représenté par un globe igné, de l'autre côté la lune représentée par un buste de femme ailée et dont les ailes forment un croissant ; au droit de la naissance des ailes un miroir reflète les rayons du soleil.

Ce tableau est complété par deux anges occupant les parties inférieures et latérales du tympan. Toutes ces sculptures et celles de la voussure sont d'une assez bonne exécution.

Il est à remarquer que les piliers de droite de la nef médiane diffèrent de ceux de gauche ; ces derniers bien que cylindriques reçoivent sur quatre points de leur surface quatre colonnes engagées, ceux de droite sont rectangulaires et présentent outre les quatre colonnes engagées aux deux tiers quatre colonnes isolées et d'un plus petit diamètre.

Toutes ces colonnes reposent sur des bases attiques et ces bases reposent elles-mêmes sur des piédestaux unis et de forme cylindrique portant une simple pente.

Les deux piliers formant les angles de la grande nef et de la croix portent, outre les quatre colonnes engagées, huit colonnettes et le tout repose sur des piédestaux de forme octogonale.

Les chapiteaux dont plusieurs se répètent sont en général d'un bon dessin et d'un excellent travail. Un seul est composé de deux figures; quelques-uns de ces chapiteaux sont romans, mais le plus grand nombre est formé de feuilles contournées en volutes que rappellent les chapiteaux à crochets.

Les arcs doubleaux sont ornés de larges moulures ainsi que les arêtiers des voûtes ; le point d'intersection de ces arêtiers est orné d'un culot.

Les quelques pierres tombales conservées dans le pavé de l'église portent les traces du ciseau qui a effacé leurs armoiries. Ces pierres semblent du reste ne présenter aucun intérêt.

En général, comme je crois l'avoir déjà dit, cette église est dans un assez bon état de conservation et n'exige pas de grandes réparations. Elle est isolée à l'ouest, au sud et au nord. Les trois absides seules se trouvent engagées partie dans le jardin du presbytère partie dans un jardin voisin. Les terres de ces jardins sont beaucoup plus élevées que le sol de l'église plus bas déjà de trente centimètres que le sol de la place environnante. Cette circonstance produit une humidité qui traverse les murs et finira par nuire à leur conservation. Il serait très-facile et peu coûteux de dégager entièrement cet édifice et d'abaisser le sol de la place.

La grosse question est celle de la restauration du porche.

Espérons qu'on ne fera pas comme à l'église de Morlàas, où, en vue de projets de restauration dont l'exécution a été si longtemps retardée, on a retiré, quinze années trop tôt, le triste mais protecteur auvent qui le recouvrait. Il en est tout naturellement résulté qu'au moment où l'on a enfin voulu procéder à ces travaux on a dû non pas restaurer mais reconstruire, et dépenser, dit-on, en pierres épannelées la somme totale destinée à une restauration complète.

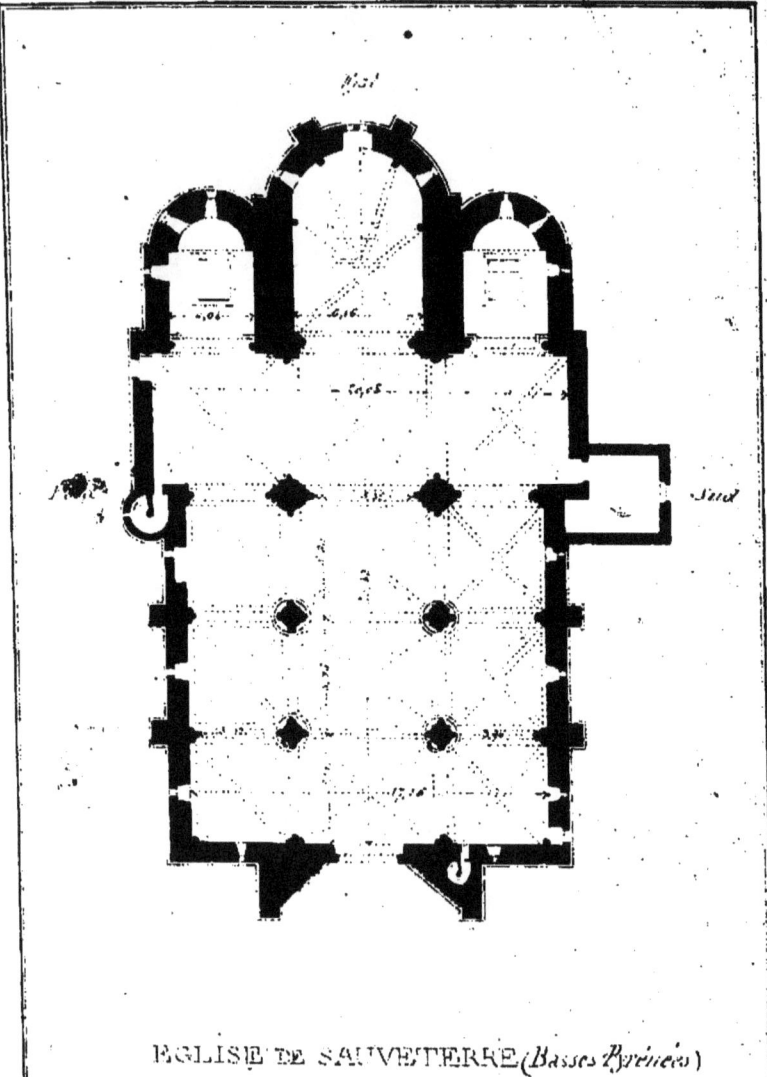

EGLISE DE SAUVETERRE (Basses Pyrénées)

Plan.

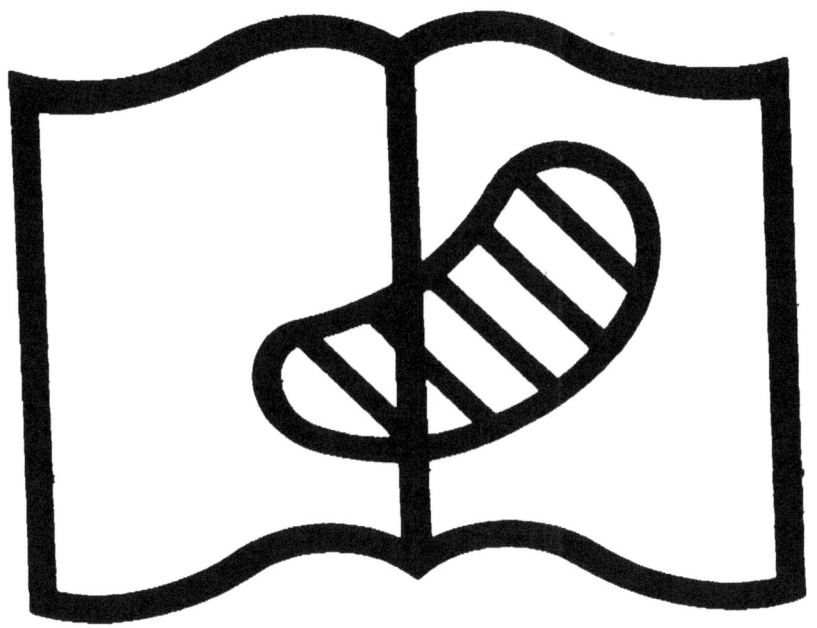

Original illisible
NF Z 43-120-10

www.ingramcontent.com/pod-product-compliance
Lightning Source LLC
Chambersburg PA
CBHW060632050426
42451CB00012B/2553